DIE WELT IN VIELEN FARBEN

sehet – schauet
höret – lauschet
– spüret
in die welt

Erich Meyer

die welt in vielen farben

Verse des Schauens

ERICH MEYER

Bildnachweis: Birgit Kuntz, Hamburg

Umschlaggestaltung und Satz,

Herstellung und Verlag:

Books on Demand

Norderstedt

ISBN 978-3-7448-7707-7

Buchtitel:

die welt in vielen farben

INHALT

<<>>

Liebe Leserin und lieber Leser!

Sie haben sich gerade ein besonders einfühlsam
gestaltetes Büchlein zur Hand genommen!
Die Verse von Erich Meyer sind eindrucksvolle
Zeugnisse: Deren jeweilige Lyrik bietet Anregung,
in tiefe Erlebensmomente, in die Reichhaltigkeit
des Schauens in die nahe Welt, einzutauchen.
Die Welt malt sich in vielen Farben –
an diesem Geschehen lässt der Autor Sie teilhaben,
bietet mit seinen Versen Impulse zu dessen Rezeption:
Wahrnehmung von Erfülltsein, Glück, Einsamkeit
und kontemplativer Stille kann auch Ihnen
zuteil werden. Spüren Sie!

Christel Maiwald
Wakendorf II
>Kreis Segeberg<
Sommer 2016

VERSE DES SCHAUENS

<<>>

zum neuen
werde ich geführt
zum neuen anbeginn

wir sind leben – wir sind wachsen
wir leben – wir wachsen
den ufern des lebens entgegen –
so den wellenkreisen

wir sind wege
wir sind suchen
wir sind fehlen
wir sind ziel

wir sind wand'rer
wand'rer – zwischen dimensionen
dimensionen
raum- und zeitgeschaffen –
sie uns zu erschauen weisen
des schöpfens angesicht

geh' in diesen garten
sieh' des tores rund
sonnengold die rosen ranken –
der farben sinfonie
gewahrte harmonie

suche den frieden
im verborgenen –
und du wirst manche rose
am wegesrande seh'n

erzähle –
kleiner roter
stein

über bunte blüten
flattert
ein kleiner schmetterling

palmen teilen
die blaue nacht –
unsere spuren im sand

und wieder
sich die himmel wandeln –
der hohen himmel segel
in die ferne zieh'n

du hast an manchen tagen
für mich sorge getragen –
ruh' dich aus

dass ein frieden wachse
der alle welt
umschließt

pflücke dir eine blume
mein kind
und träume von der sonne

„wer bist du – heit'res kind?"

es lächelt sanft
mir zu – malet sich
in ferne kindertage
die erinnerung?

leise
öffne ich deine tür –
schläfst du schon?

silbern träumt
die mondessichel
und die rosen schlafen
in den alten gärten

in deinem garten weinen
der liebe letzte rosen –
jede für sich allein

nacht –
wir stehen auf der brücke
– allein

letzte blüte –
keiner sah
da dich der wind
verweht'

tage – weit zurück
weit zurück
zurück

– weit –

träume
mein stiller see –
träume

der wahrheit sinn
uns in die stille ruft
zu der einsamkeiten ort

IN UNS SIND

in uns sind

kraft und schwäche
mut und angst
hoffnung und zweifel
warten und ungeduld
lachen und weinen
freude und trauer
spüren und denken
lieder und worte
traum und wirklichkeit

vertrauen

DANK

An dieser Stelle bedanke ich mich sehr herzlich
bei Frau *Christel Maiwald* für die eingangs gegebene
Hinführung zu den von mir geschriebenen Versen
und bei Frau *Birgit Kuntz*
für die Bereitstellung von Bildmaterial.

Erich Meyer

KONTAKT

Kontakt zum Autor:
Erich Meyer, Hamburg
E-Mail: *erich.2005@freenet.de*

AUTOR

Erich Meyer

* 1946 in Hamburg
Studium
Erziehungswissenschaften
Sonderpädagogik
Oberstudienrat an Sonderschulen i. R.
Schreibt vorwiegend Lyrik

BUCHTITEL
Bücher von Erich Meyer

spüren – *lyrische Verse*
Norderstedt 2005
ISBN 3-8334-2770-1

HAIKU
Norderstedt 2013
ISBN 978-3-8482-3767-8

Lyrik in den Jahreszeiten – *Gedichte*
Norderstedt 2016
ISBN 978-3-7392-6257-4

OGENBLICKS
44 plattdeutsche Gedichte
Norderstedt 2016
Zweite, veränderte Auflage
ISBN 978-3-8482-3766-1

TANKA
Norderstedt 2016
ISBN 978-3-7431-0686-4